BRONZES, MEUBLES

LUSTRES

PORCELAINES, — FAIENCES

TABLEAUX

TAPISSERIES ET ÉTOFFES

Garnissant les Magasins et Ateliers

De feu M. CORNU

EXPOSITION PUBLIQUE

Le Mardi 13 Avril 1875

Mᵉ CHARLES PILLET,	M. CHARLES MANNHEIM,
COMMISSAIRE-PRISEUR	EXPERT
10, rue de la Grange-Batelière.	7, rue Saint-Georges.

NOTICE

DES

BRONZES, MEUBLES

LUSTRES GARNIS DE CRISTAUX DE ROCHE

Porcelaines, — Faïences, — Verrerie, — Tapisseries et Étoffes

TABLEAUX

GARNISSANT LES MAGASINS ET ATELIERS DE FEU M. CORNU

ET DONT LA VENTE AURA LIEU

HOTEL DROUOT, SALLE N° 3

Le Mercredi 14 Avril 1875,

A DEUX HEURES.

Par le ministère de Mᵉ **CHARLES PILLET**, Commissaire-Priseur,
10, rue de la Grange-Batelière,

Assisté de **M. CHARLES MANNHEIM**, Expert, 7, rue Saint-Georges,

Chez lesquels se trouve la présente Notice.

EXPOSITION PUBLIQUE : Le Mardi 13 Avril 1875
DE UNE HEURE A CINQ HEURES.

CONDITIONS DE LA VENTE

Elle sera faite au comptant.

Les acquéreurs payeront, en sus des adjudications, *cinq pour cent* applicables aux frais.

L'exposition mettant le public à même de se rendre compte de l'état des objets, il ne sera admis aucune réclamation une fois l'adjudication prononcée.

Paris. — Typ. PILLET fils aîné, rue des Gr.-Augustins, 5.

DÉSIGNATION DES OBJETS

BRONZES

1 — Lustre de style Louis XVI en bronze ciselé et doré
au mat, à quinze lumières et garni de cristaux de
roche.

2 — Petit lustre, modèle à consoles en bronze, à douze
lumières, également garni de cristaux de roche.

3 — Très-petit lustre garni de cristaux de roche.

4 — Petit lustre à douze lumières, modèle à consoles
garni de cristaux de Bohême.

5-7 — Trois lustres en verre de Venise, à fleurs et ornements émaillés en couleurs.

8 — Lustre du temps de Louis XIV, à six lumières en
bois sculpté. Pièce rare.

9 — Lustre flamand à douze lumières, en cuivre poli, modèle à boule.

10 — Lampe d'église en cuivre repoussé et argenté.

11 — Suspension de salle à manger, à huit lumières en bronze doré.

12 — Modèle de la suspension qui précède.

13 — Lanterne d'antichambre du temps de Louis XV, en bronze.

14 — Cage hollandaise de suspension en cuivre repoussé.

15 — Lustre en fer-blanc peint, à fleurs et feuillages, à huit lumières et garni de fleurettes de porcelaine.

16 — Deux bras de même travail, à deux lumières.

17 — Pendule Louis XVI, en bronze, sur socle en marbre blanc orné de figures d'enfants.

18 — Autre pendule de même style supportée par deux figures debout.

19 — Pendule à marbre blanc et bronze, à figures de vestale et d'enfant.

20 — Pendule en bronze doré au mat, à figures de satyres, guirlandes de fleurs et groupe de colombes.

21 — Pendule en bronze doré; Vénus endormie sur un
lit de repos surmonté de draperies peintes en vert. Le
socle est en bois.

22 — Pendule du temps de l'Empire en marbre griotte et
bronze, ornée de deux figures.

23 — Deux buires de même époque en bronze et dorure
supportées par deux Amours accroupis.

24 — Pendule de la fin du règne de Louis XVI, en marbre
blanc et noir avec ornements de bronze doré au mat,
modéle à pilastres et colonnettes.

25 — Deux vases de style Louis XVI en bronze doré, or-
nés de guirlandes de chêne.

26 — Deux bras-appliques de style régence à trois lumières, modèle à tête de souffleur.

27 — Deux paires de bras-appliques de style Louis XIV,
à une lumière en bronze doré.

28 — Deux bras-appliques de même style, à trois lumières,
en bronze.

29 — Paire de bras à une lumière, du temps de LouisXVI,
en bronze doré.

30 — Deux flambeaux de style Louis XIV, en bronze
ciselé et argenté.

31 — Deux flambeaux de style Louis XIII en bronze, modèle à colonnes cannelées et mascarons.

32 — Deux girandoles de bureau, modèle rocaille, à deux lumières.

33 — Deux flambeaux à deux lumières portées par des enfants debout, en bronze doré du temps de Louis XIII.

34 — Quatre flambeaux en bronze, de style italien, modèle à mascarons et festons de fleurs.

35 — Modèle des flambeaux qui précèdent.

36 — Deux petits bras à une lumière, formés d'une branche de fleurs en bronze doré et fleurettes de porcelaine.

37 — Quantité de modèles ou reproductions en bronze qui seront vendus par lots.

OBJETS VARIÉS

38 — Petite pendule du temps de Louis XIII, de forme carrée en bois d'ébène, à colonnettes aux angles. Elle est surmontée d'un dôme en cuivre gravé et repercé à jour, et d'une figurine en bronze.

39 — Très-grand plateau rond en cuivre gravé, à ornements et inscriptions. Travail persan.

40 — Plateau de même travail que celui qui précède, mais plus petit.

41 — Deux vases en forme de bouteille en émail cloisonné de la Chine, à fleurs, oiseaux et arabesques sur fond bleu turquoise.

44 *bis*. — Lot de cristaux de roche pour lustres.

PORCELAINES

42 — Deux petits vases à pans et à couvercle en ancienne porcelaine du Japon, montés à anses en bronze doré.

43 — Écritoire à pans en ancienne porcelaine de Chine, montée en bronze doré et supportant un flambeau à deux branches.

44 — Trois bougeoirs en porcelaine de Sèvres pâte tendre, montés en bronze doré.

45 — Deux vases en forme de balustre en ancienne porcelaine de Chine, montés en lampes.

46 — Coupe couverte en ancienne porcelaine de Chine, décorée de fleurs.

47 — Grande bouteille en porcelaine de Chine émaillée
bleu uni.

48 — Grande vasque ronde et profonde émaillée gros bleu.

49 — Deux vases en forme de potiche à couvercle, en porcelaine de Chine, à fond bleu et médaillons de personnages.

50 — Quantité de pièces diverses en porcelaines de Sèvres,
de Saxe et de Chine.

FAIENCES ET VERRERIE

51 — Vases, coupes, plats, etc., en ancienne faïence ita-
lienne, de Delft et autres, parmi lesquels on remarque
un Christ dans son cadre, en ancienne faïence de
Rouen.

52 — Diverses pièces de verrerie de Venise et de Bohême
telles que coupes, lampes, vases, etc.

MEUBLES

53 — Pendule de cheminée du temps de Louis XIV en
marqueterie d'écaille et cuivre garnie de bronzes dorés.

54 — Pendule Louis XV avec socle en vernis de Martin à
fond rouge décorée de fleurs et garnie de bronzes
rocaille.

55 — Meuble à deux portes en bois sculpté à mufles de lion
et panneaux en bois noir encadrés de moulures. xvii[e]
siècle.

56 — Meuble fermant à deux portes, en bois sculpté et
marqueterie, orné de colonnettes et supporté par deux
pilastres et des consoles.

57 — Table-toilette Louis XV en bois de rose.

58 — Petit bureau Louis XIII en marqueterie des trois
parties, modèle à X.

59 — Glace carrée à biseaux avec cadre à compartiments
en bois sculpté et doré. Époque Louis XIV.

60 — Toilette en hauteur en bois d'acajou, garnie de
bronzes et à dessus de marbre. Style Louis XVI.

61 — Cartel à crémaillère en forme de lyre, en bronze et
marbre. Époque Louis XVI.

62 — Glace Louis XIII avec cadre en bois noir à moulures
garni d'ornements en cuivre repoussé.

63 — Glace de forme allongée à biseaux, dans un cadre en bronze ciselé. Style Louis XIII.

64 — Deux petites glaces biseautées, avec cadres en bois noir garnis d'ornements de bronze.

65 — Quatre chaises en bois d'acajou, couvertes en maroquin vert. Époque Louis XVI.

66 — Fauteuil-marchepied en bois d'acajou.

67 — Chaise longue couverte en tapisserie.

68 — Deux gaînes carrées en marbre griotte avec pieds de femme en marbre blanc.

69 — Deux fûts de colonnes en marbre rosé.

70 — Petit meuble Louis XVI de forme cintrée, en bois d'acajou garni de bronze et à dessus de marbre.

71 — Petit bonheur-du-jour en bois de citron, garni de bronze doré et à casier vitré.

72 — Coffret de style Louis XIII en bois de placage et garni de bronze doré.

73 — Petit meuble secrétaire en bois d'acajou, garni de bronzes et à dessus de marbre.

74 — Commode en marqueterie de bois garnie de bronzes, du temps de la Régence.

75 — Table à ouvrage de forme ovale en bois d'acajou et à dessus de marbre blanc. Époque Louis XVI.

76 — Glace carrée avec cadre large en bois noir à moulures guillochées.

77 — Horloge avec mouvement compliqué et à plusieurs cadrans en cuivre gravé.

78 — Paravent à quatre feuilles en bois découpé et caractères rapportés en relief. Travail chinois.

79 — Petit cabinet en ébène incrusté d'ivoire.

80 — Miroir de toilette du temps de Louis XIV avec cadre en marqueterie d'écaille et cuivre.

80 *bis*. — Deux petites encoignures en laque

81 — Secrétaire de forme droite en bois de rose surmonté d'un régulateur encadré d'une large fleur soleil et de branches de laurier en bronze.

TAPISSERIES ET ÉTOFFES

82 — Quantité de tapisseries dites verdures et autres à
personnages.

83 — Fort lot d'étoffes anciennes de travail européen et
oriental.

84 — Divers tapis d'Orient qui seront vendus séparément.

TABLEAUX

85 — Quantité de tableaux et de panneaux décoratifs des
écoles française et hollandaise, parmi lesquels on
remarque une grande marine par Joseph Vernet et un
panneau cintré, nature morte, par Baudry.